GARTEN-SPAZIERGANG MIT Goethe

Gedichte

Jan Thorbecke Verlag

Inhalt

Frühling
übers Jahr

Das Beet, schon lockert
Sich's in die Höh,
Da wanken Glöckchen
So weiß wie Schnee;
Safran entfaltet
Gewalt'ge Glut,
Smaragden keimt es
Und keimt wie Blut.

Primeln stolzieren
So naseweis,
Schalkhafte Veilchen,
Versteckt mit Fleiß;
Was auch noch alles
Da regt und webt,
Genug, der Frühling,
Er wirkt und lebt.

Doch was im Garten
Am reichsten blüht,
Das ist des Liebchens
Lieblich Gemüt.
Da glühen Blicke
Mir immerfort,
Erregend Liedchen,
Erheiternd Wort.

Ein immer offen,
Ein Blütenherz,
Im Ernste freundlich
Und rein im Scherz.
Wenn Ros und Lilie
Der Sommer bringt,
Er doch vergebens
Mit Liebchen ringt.

Frühlingsherrlichkeit

Wollte man die Herrlichkeit des Frühlings und seiner Blüten nach dem wenigen Obst berechnen, das zuletzt noch von den Bäumen genommen wird, so würde man eine sehr unvollkommene Vorstellung jener lieblichen Jahreszeit haben.

Kleine Blumen, kleine Blätter

Kleine Blumen, kleine Blätter
Streuen mir mit leichter Hand
Gute junge Frühlingsgötter
Tändelnd auf ein luftig Band.

Zephyr, nimm's auf deine Flügel,
Schling's um meiner Liebsten Kleid!
Und so tritt sie vor den Spiegel
Mit zufriedner Munterkeit.

Sieht mit Rosen sich umgeben,
Sie wie eine Rose jung.
Einen Kuß, geliebtes Leben,
Und ich bin belohnt genug.

Schicksal, segne diese Triebe,
Laß mich ihr und laß sie mein,
Laß das Leben unsrer Liebe
Doch kein Rosen-Leben sein!

Mädchen, das wie ich empfindet,
Reich mir deine liebe Hand!
Und das Band, das uns verbindet,
Sei kein schwaches Rosen-Band!

Rosen, ihr blendenden

Rosen, ihr blendenden,
Balsam versendenden!
Flatternde, schwebende,
Heimlich belebende,
Zweigleinbeflügelte,
Knospenentsiegelte,
Eilet zu blühn.

Frühling entsprieße,
Purpur und Grün!
Tragt Paradiese
Dem Ruhenden hin.

Frühlingsgewitter

Den 7. April [1829] zog ein großes Gewitter herauf; der Regen wüstete gar sehr, ein Wandernder ward auf freiem Felde erschlagen. Jetzt stehen die Kaiserkronen, mit denen ich etwas chinesisch meinen Garten verziert habe, in völliger Pracht; sie kamen nicht zu früh und litten nicht im Wachstum. Die gelbroten stehen in völliger Blüte, die hellgelben noch nicht, wie diese denn überhaupt einen schwächern Wachstum zeigen (wobei ich bemerke, daß die violetten und weißen Crocus später als die hochgelben hervortreten; die mehr energische Farbe deutet auf ein rascheres, ja selbst mehr charakteristisches Leben). Dieß alles ereignet sich vor meinem Fenster, wo denn auch Knospen der Zwergmandel sich zu röten anfangen. Die grünen Wunderhäupter der monstrosen Tulpen fangen an sich zu färben, und die Knospen der Birnbäume sind im Begriff sich aufzuschließen.

Der Gärtner

So wenig der Gärtner sich durch andere Liebhabereien und Neigungen zerstreuen darf, so wenig darf der ruhige Gang unterbrochen werden, den die Pflanze zur dauernden oder zur vorübergehenden Vollendung nimmt. Die Pflanze gleicht den eigensinnigen Menschen, von denen man alles erhalten kann, wenn man sie nach ihrer Art behandelt. Ein ruhiger Blick, eine stille Konsequenz, in jeder Jahreszeit, in jeder Stunde das ganz Gehörige zu tun, wird vielleicht von niemand mehr als vom Gärtner verlangt.

Früchte des Gartens

Der Gartenliebhaber pflegt von den Früchten seines kleinen Bezirks, die er mit Sorgfalt gewartet, wenn sie reif werden, seinen Freunden gewöhnlich einen Teil zu übersenden, nicht eben weil er sie für köstlich hält, sondern weil er anzeigen möchte, daß er die ganze Zeit über, da er sich mit ihnen beschäftigte, im stillen an diejenigen gedacht habe, die ihm wert sind.

Im Gegen-wärtigen Vergan-genes

Ros' und Lilie morgentaulich
Blüht im Garten meiner Nähe;
Hinten an, bebuscht und traulich,
Steigt der Felsen in die Höhe;
Und mit hohem Wald umzogen
Und mit Ritterschloss gekrönet,
Lenkt sich hin des Gipfels Bogen,
Bis er sich dem Tal versöhnet.

Und da duftet's wie vor alters,
Da wir noch von Liebe litten
Und die Saiten meines Psalters
Mit dem Morgenstrahl sich stritten;
Wo das Jagdlied aus den Büschen
Fülle runden Tons enthauchte,
Anzufeuern, zu erfrischen,
Wie's der Busen wollt und brauchte.

Nun die Wälder ewig sprossen,
So ermutigt euch mit diesen,
Was ihr sonst für euch genossen,
Lässt in andern sich genießen.
Niemand wird uns dann beschreien,
Dass wir's uns alleine gönnen;
Nun in allen Lebensreihen
Müsset ihr genießen können.

Rose und Lilie

„Mich ängstigt das Verfängliche
Im widrigen Geschwätz,
Wo nichts verharre, alles flieht,
Wo schon verschwunden, was man sieht;
Und mich umfängt das bängliche,
Das graugestrickte Netz.“ –
Getrost! Das Unvergängliche,
Es ist das ewige Gesetz,
Wonach die Ros’ und Lilie blüht.

Blumen sehet ruhig sprießen

Blumen sehet ruhig sprießen,
Reizend euer Haupt umzieren;
Früchte wollen nicht verführen,
Kostend mag man sie genießen.

Bieten bräunliche Gesichter
Kirschen, Pfirschen, Königspflaumen,
Kauft! denn gegen Zung' und Gaumen
Hält sich Auge schlecht als Richter.

Kommt, von allerreifsten Früchten
Mit Geschmack und Lust zu speisen!
Über Rosen läßt sich dichten,
In die Äpfel muß man beißen.

Ein Blumenglöckchen

Ein Blumenglöckchen
Vom Boden hervor
War früh gesprosset
In lieblichem Flor;
Da kam ein Bienchen
Und naschte fein –
Die müssen wohl beide
Für einander sein.

Gott segne mir den Mann

Gott segne mir den Mann
In seinem Garten dort! Wie zeitig fängt er an,
Ein lockres Beet dem Samen zu bereiten!
Kaum riß der März das Schneegewand
Dem Winter von den hagern Seiten,
Der stürmend floh und hinter sich aufs Land
Den Nebelschleier warf, der Fluß und Au
Und Berg in kaltes Grau
Versteckt, da geht er ohne Säumen,
Die Seele voll von Ernteträumen,
Und sät und hofft.

Es ist alles vortrefflich gewachsen

Es ist alles vortrefflich gewachsen; die Wildnisse, die Sie angelegt haben, scheinen natürlich zu sein; sie bezaubern jeden, der sie zum ersten Mal sieht, und auch mir geben sie noch immer in einer stillen Stunde einen angenehmen Aufenthalt. Doch muss ich gestehen, dass ich in der Baumschule unter den fruchtbaren Bäumen lieber bin. Der Gedanke des Nutzens führt mich aus mir selbst heraus und gibt mir eine Fröhlichkeit, die ich sonst nicht empfinde. Ich kann säen, pfropfen, okulieren; und wenngleich mein Auge keine malerische Wirkung empfindet, so ist mir doch der Gedanke von Früchten höchst reizend, die einmal und wohl bald jemanden erquicken werden.

Deine Grüße hab' ich wohl erhalten

Deine Grüße hab' ich wohl erhalten.
Liebe lebt jetzt in tausend Gestalten,
Gibt der Blume Farb' und Duft,
Jeden Morgen durchzieht sie die Luft,
Tag und Nacht spielt sie auf Wiesen, in Hainen
Mir will sie oft zu herrlich erscheinen;
Neues bringt sie täglich hervor,
Leben summt uns die Biene ins Ohr.
Bleib, ruf ich oft, Frühling! man küsset dich kaum,
Engel, so fliehst du wie ein schwankender Traum;
Immer wollen wir dich ehren und schätzen,
So uns an dir wie am Himmel ergötzen.

Hauspark

Liebe Mutter, die Gespielen
Sagen mir schon manche Zeit,
Daß ich besser sollte fühlen,
Was Natur im Freien beut.
Bin ich hinter diesen Mauern,
Diesen Hecken, diesem Bux,
Wollen sie mich nur bedauern,
Neben diesem alten Jux.

Solche schroffe, grüne Wände,
Ließen sie nicht länger stehn;
Kann man doch von einem Ende
Gleich bis an das andre sehn.
Von der Schere fallen Blätter,
Fallen Blüten, welch ein Schmerz!
Asmus, unser lieber Vetter,
Nennt es puren Schneiderscherz.

Stehn die Pappeln doch so prächtig
Um des Nachbars Gartenhaus;
Und bei uns, wie niederträchtig
Nehmen sich die Zwiebeln aus!
Wollt ihr nicht den Wunsch erfüllen –
Ich bescheide mich ja wohl!
Heuer nur, um Gotteswillen,
Liebe Mutter, keinen Kohl!

Mein Gärtchen

Weit und schön ist die Welt,
Doch o wie dank ich dem Himmel,
Daß ein Gärtchen beschränkt, zierlich,
Mein eigen gehört.
Bringet mich wieder nach Hause!
Was hat ein Gärtner zu reisen?
Ehre bringt's ihm und Glück,
Wenn er sein Gärtchen versorgt.

Mai

Leichte Silberwolken schweben
Durch die erst erwärmten Lüfte,
Mild, von Schimmer sanft umgeben,
Blickt die Sonne durch die Düfte;
Leise wallt und drängt die Welle
Sich am reichen Ufer hin,
Und wie reingewaschen helle,
Schwankend hin und her und hin,
Spiegelt sich das junge Grün.

Still ist Luft und Lüftchen stille;
Was bewegt mir das Gezweige?
Schwüle Liebe dieser Fülle,
Von den Bäumen durchs Gesträuche.
Nun der Blick auf einmal helle,
Sieh! der Bübchen Flatterschar,
Das bewegt und regt so schnelle,
Wie der Morgen sie gebar,
Flügelhaft sich Paar und Paar. [...]

Der wunderbarste Ort der Welt

…

In dem öffentlichen Garten unmittelbar an der Reede brachte ich im stillen die vergnügtesten Stunden zu. Es ist der wunderbarste Ort von der Welt. Regelmäßig angelegt, scheint er uns doch feenhaft; vor nicht gar langer Zeit gepflanzt, versetzt er ins Altertum. Grüne Beeteinfassungen umschließen fremde Gewächse, Zitronenspaliere wölben sich zum niedlichen Laubengange, hohe Wände des Oleanders, geschmückt von tausend roten nelkenhaften Blüten, locken das Auge. Ganz fremde, mir unbekannte Bäume, noch ohne Laub, wahrscheinlich aus wärmern Gegenden, verbreiten seltsame Zweige. Eine hinter dem flachen Raum erhöhte Bank läßt einen so wundersam verschlungenen Wachstum übersehen und lenkt den Blick zuletzt auf

große Bassins, in welchen Gold- und Silberfische sich gar lieblich bewegen, bald sich unter bemooste Röhren verbergen, bald wieder scharenweise, durch einen Bissen Brot gelockt, sich versammeln. An den Pflanzen erscheint durchaus ein Grün, das wir nicht gewohnt sind, bald gelblicher, bald blaulicher als bei uns. Was aber dem Ganzen die wundersamste Anmut verlieh, war ein starker Duft, der sich über alles gleichförmig verbreitete, mit so merklicher Wirkung, daß die Gegenstände, auch nur einige Schritte hintereinander entfernt, sich entschiedener hellblau voneinander absetzten, so daß ihre eigentümliche Farbe zuletzt verlorenging, oder wenigstens sehr überbläut sie sich dem Auge darstellten.

...

Sag ich's euch, geliebte Bäume ...

Sag ich's euch, geliebte Bäume,
Die ich ahndevoll gepflanzt,
Als die wunderbarsten Träume
Morgenrötlich mich umtanzt.
Ach, ihr wisst es, wie ich liebe,
Die so schön mich wiederliebt,
Die den reinsten meiner Triebe
Mir noch reiner wiedergibt.

Wachset wie aus meinem Herzen,
Treibet in die Luft hinein,
Denn ich grub viel Freud' und Schmerzen
Unter eure Wurzeln ein.
Bringet Schatten, traget Früchte,
Neue Freude jeden Tag;
Nur dass ich sie dichte, dichte,
Dicht bei ihr genießen mag!

Das Blümlein Wunder-schön

Graf

Ich kenn ein Blümlein Wunderschön
Und trage darnach Verlangen;
Ich möcht es gerne zu suchen gehn,
Allein ich bin gefangen.
Die Schmerzen sind mir nicht gering;
Denn als ich in der Freiheit ging,
Da hatt ich es in der Nähe. […]

Rose

Ich blühe schön und höre dies
Hier unter deinem Gitter.
Du meinest mich, die Rose, gewiß,
Du edler armer Ritter!
Du hast gar einen hohen Sinn,
Es herrscht die Blumenkönigin
Gewiß auch in deinem Herzen.

Graf

Dein Purpur ist aller Ehren wert
Im grünen Überkleide;
Darob das Mädchen dein begehrt,
Wie Gold und edel Geschmeide.
Dein Kranz erhöht das schönste Gesicht:
Allein du bist das Blümchen nicht,
Das ich im stillen verehre.

Lilie Das Röslein hat gar stolzen Brauch
Und strebet immer nach oben;
Doch wird ein liebes Liebchen auch
Der Lilie Zierde loben.
Wem's Herze schlägt in treuer Brust
Und ist sich rein, wie ich, bewußt,
Der hält mich wohl am höchsten.

Graf Ich nenne mich zwar keusch und rein
Und rein von bösen Fehlen;
Doch muß ich hier gefangen sein
Und muß mich einsam quälen.
Du bist mir zwar ein schönes Bild
Von mancher Jungfrau, rein und mild:
Doch weiß ich noch was Liebers. [...]

Veilchen Ich steh verborgen und gebückt
Und mag nicht gerne sprechen,
Doch will ich, weil sich's eben schickt,
Mein tiefes Schweigen brechen.
Wenn ich es bin, du guter Mann,
Wie schmerzt mich's, daß ich hinauf nicht kann
Dir alle Gerüche senden.

Graf Das gute Veilchen schätz ich sehr:
Es ist so gar bescheiden
Und duftet so schön; doch brauch ich mehr
In meinem herben Leiden.
Ich will es euch nur eingestehn:
Auf diesen dürren Felsenhöhn
Ist's Liebchen nicht zu finden.

Doch wandelt unten, an dem Bach,
Das treuste Weib der Erde,
Und seufzet leise manches Ach,
Bis ich erlöset werde.
Wenn sie ein blaues Blümchen bricht
Und immer sagt: „Vergiß mein nicht!"
So fühl ich's in der Ferne.

Ja, in der Ferne fühlt sich die Macht,
Wenn zwei sich redlich lieben;
Drum bin ich in des Kerkers Nacht
Auch noch lebendig geblieben.
Und wenn mir fast das Herze bricht,
So ruf ich nur: „Vergiß mein nicht!"
Da komm ich wieder ins Leben.

Der Kuckuck wie die Nachtigall

Der Kuckuck wie die Nachtigall,
Sie möchten den Frühling fesseln,
Doch drängt der Sommer schon überall
Mit Disteln und mit Nesseln.
Auch mir hat er das leichte Laub
An jenem Baum verdichtet.
Durch das ich sonst zu schönstem Raub
Den Liebesblick gerichtet.
Verdeckt ist mir das bunte Dach,
Die Gitter und die Pfosten;
Wohin mein Auge spähend brach,
Dort ewig bleibt mein Osten.

Früh, wenn Tal, Gebirg und Garten

Früh, wenn Tal, Gebirg und Garten
Nebelschleiern sich enthüllen,
Und dem sehnlichsten Erwarten
Blumenkelche bunt sich füllen;

Wenn der Äther, Wolken tragend,
Mit dem klaren Tage streitet,
Und ein Ostwind, sie verjagend,
Blaue Sonnenbahn bereitet,

Dankst du dann, am Blick dich weidend,
Reiner Brust der Großen, Holden,
Wird die Sonne, rötlich scheidend,
Rings den Horizont vergolden.

VERLAGSGRUPPE PATMOS

PATMOS
ESCHBACH
GRÜNEWALD
THORBECKE
SCHWABEN

Die Verlagsgruppe
mit Sinn für das Leben

MIX
Papier aus verantwortungsvollen Quellen
FSC® C089473

Für die Schwabenverlag AG ist Nachhaltigkeit ein wichtiger Maßstab ihres Handelns. Wir achten daher auf den Einsatz umweltschonender Ressourcen und Materialien.

www.thorbecke.de

Gestaltung: Finken & Bumiller, Stuttgart
Druck: Beltz Bad Langensalza GmbH, Bad Langensalza
Hergestellt in Deutschland
ISBN 978-3-7995-0582-6

Bildnachweis:
S. 5, 11, 15, 27: © mauritius images / Alamy; S. 9: © mauritius images / Mode Images; S. 19: © mauritius images / imagebroker / Marcus Siebert; S. 23: © mauritius images / Visions Pictures; S. 29: © mauritius images / imagebroker / Frank Paul Fietz; S. 33: © mauritius images / Fancy; S. 37: © mauritius images / imagebroker / Sohns.